COLEÇÃO
REFLETE O FEMININO

EMPREENDEDORISMO FEMININO
OLHAR ESTRATÉGICO SEM ROMANTISMO

MONIQUE EVELLE

CB055761

MEMÓRIA VISUAL

Copyright © Monique Evelle
Copyright © desta edição Memória Visual

Todos os direitos reservados e protegidos pela lei 9.610 de 19.2.1998. É proibida a reprodução total e parcial, por quaisquer meios sem a expressa anuência da editora.

Editora
Camila Perlingeiro

Organização
Crib Tanaka

Capa e diagramação
Adriana Cataldo | Cataldo Design

Ilustração da capa
Elisa Pessôa

Revisão
Aline Canejo

Impressão e acabamento
Grafitto Gráfica

Dados internacionais de catalogação na publicação (CIP)

E93e Evelle, Monique

Empreendedorismo feminino : olhar estratégico sem romantismo / Monique Evelle. – Rio de Janeiro : Memória Visual, 2019.
96 p. ; 18 cm. – (Reflete o feminino)

ISBN 978-85-7327-009-9

1. Empreendedorismo 2. Empreendedoras I. Título II. Série.

CDD 658.421
CDU 005.5

Bibliotecária: Ana Paula Oliveira Jacques / CRB-7 6963

MEMÓRIA VISUAL

Rua São Clemente 300 – Botafogo – 22260-004
Rio de Janeiro – RJ – Tel.: 21-2537-8786
editora@memoriavisual.com.br
www.memoriavisual.com.br

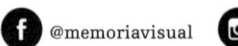

@memoriavisual   @memoria_visual

SUMÁRIO

Prefácio	5
Início de conversa	9
Nunca fui tímida, fui silenciada	16
Não é só talento e sorte	30
Síndrome da jornada empreendedora	48
Tríades das decisões	58
Me ajude a te ajudar	74
Chega de papo furado	84

PREFÁCIO

Em tempos difíceis, não se consegue dizer o que é mais difícil ser: sincera ou empreendedora. Tais palavras parecem incompatíveis, pois se supõe que uma empreendedora quer agradar todo mundo, algo que a sinceridade, às vezes, inviabiliza.

Entretanto, está quase impossível agradar a maioria. Então, ser sincera pode virar esse jogo, que envolve a tríade difícil de ser saciada: o sentimento de "to nem aí", o conhecimento e o desrespeito. Isso faz com que tudo seja quase impossível de satisfazer a maioria. Agora, acompanhando as pessoas fora da curva, fica claro que o saber empírico, o mero saber pelo que se fala da vida do outro não leva ninguém a lugar algum. Contudo, se isso muitas vezes nos magoa, em outras, mostra-se combustível para que sigamos em frente com muito mais garra.

O que faz muitos empreendedores terem suas empresas de pé por mais de dois anos é o estudo com afinco. É cavar oportunidades. É ouvir os sinais para aceitar um novo desafio. É saber identificar quando está sendo usada e dizer: "Não! Basta! Visibilidade é pouco para mim!". É dizer não para negócios com taxa interna de retorno (TIR) ruim. É sempre sair da zona de conforto e, ocasionalmente, estar no lugar certo com as pessoas certas, junto com uma pitada de sorte, um bom banho de limpeza, uma oração e bom humor. Tudo isso pode ajudar a acabar com a síndrome do empreendedor e a oportunidade estagnada e acreditem, isso é muita coisa para se fazer.

Empreender não é tarefa fácil. Quem se propõe a tal desafio precisa se qualificar e trabalhar sem um chefe tendo que incentivar a todo instante; tem de saber mais e mais do seu negócio e do negócio do outro que pode fazer uma boa parceria com você; necessita ser inovador, disciplinado. Não dá para sair gastando o dinheiro da empresa só porque naquele momento está indo bem. Essas são as causas mais comuns que levam à falência várias empresas em menos de cinco anos de atividades.

Neste livro, a empresária/escritora (sim, são esses dois adjetivos que cabem aqui, mas ela possui outros, e creiam: reconhecer a qualificação de uma mulher preta não dói) traz informações esclarecedoras sobre pontos-chave para seu sucesso. Eles podem ser o seu norte como pessoa e como empreendedora, mas não se iluda. Isto não é uma obra de autoajuda. Trata-se de uma obra provocativa que causa um redemoinho de sensações durante a leitura. Agora, não se apegue somente a pensamentos, por exemplo: "quem ela pensa que é para falar assim comigo?". Exercite, sobretudo, a sensação de agradecimento pelas dicas, pelo amor (que fica claro por todos) e pela sinceridade.

Boa leitura!

Eliane Dias
Advogada e Empresária da
banda Racionais MC's

INÍCIO DE CONVERSA

Eu não te conheço. Não sei quem você é; Não sei se é mulher, negra, branca, magra, gorda, transgênero, cisgênero, lésbica ou se é um rapaz. Eu não sei nada sobre você. Mas eu sei quem eu sou.

Sei de onde vim, os caminhos que trilhei, as referências que tive e tenho. Sei exatamente meu lugar de partida. Sei que sou filha única de Neuza e Ari, mulher, negra, nascida no Nordeste de Amaralina, periferia de Salvador.

Tive a sorte e o prazer de ser pesquisadora do Instituto Update, *think to tank* de política, em um projeto que mapeia inovações políticas nas periferias do Brasil, o que trouxe mais possibilidade de rodar alguns destes lugares, conhecendo as inovações de perto. E tive a vantagem social de visitar o Vale do Silício, na Califórnia.

Eu não sei quem você é, mas sei quem sou. E, por isso, posso dizer que nunca fui boa em dar conselho. Mas vou me esforçar para compartilhar com você meus aprendizados no mundo dos negócios.

Sei que não estamos na mesma página, nem saímos do mesmo ponto de partida, mas, para iniciarmos essa conversa, é importante deixar claro que não só a dor nos une. Costumo dizer essa frase em discussões relacionadas a gênero e raça. O porquê já está na própria frase. Não à toa, os trabalhos de conclusão de curso, teses e dissertações estão focados em falar sobre empreendedorismo feminino sempre pelo viés das dificuldades. Não que isso deixe de ser importante, até porque precisamos identificar o problema para encontrarmos a solução. Mas será que é possível mudar essa lógica?

Sabemos que abundância e escassez caminham lado a lado, mas quando iremos conseguir identificar as potencialidades primeiro?

A resposta certa eu não sei, mas tenho uma hipótese. Além da estrutura machista, claro, o modelo educacional do século XVIII, que perdura até hoje, interrompe tanto nossa criatividade, quanto nossas descobertas, a ponto de direcionarmos nossos esforços apenas para algo em que não somos tão boas.

Em outras palavras, quero dizer que não fortalecemos nossos pontos fortes, porque a escola diz que precisamos tirar 10 naquilo que não dominamos. E passamos horas, dias e anos tentando aprender algo que não queremos e abrindo mão daquilo que realmente sabemos.

Falando de empreendedorismo não é diferente. Por isso destaco aqui os três principais erros que muitas pessoas cometem quando estão iniciando um empreendimento.

Pegarei um exemplo simples e fácil de visualizar: loja de camiseteria. O primeiro erro, sempre, é não entender e não saber em qual mercado está entrando. Não adianta abrir uma empresa no calor da emoção. Criar algo porque outras pessoas também o fazem não é uma boa saída.

Em Salvador, por exemplo, existem muitas marcas que estampam suas camisas com frases e gírias baianas. Mesmo com tantas estampas iguais, existe uma grife maior que sempre será lembrada, porque tem mais força de mercado, começou antes e já consolidou o nome. Qualquer outra que colocar a palavra *oxente* na camisa assume que será quase impossível se diferenciar.

Quando você se torna a marca do "eu também tenho", "eu também faço", você consequentemente está copiando alguma coisa. Então, lembre-se que nem tudo é *Creative Commons*.

Não caia na armadilha de achar que "se publicou, é público". Direitos autorais na internet existe. A Lei 9.610 de 1998 diz que "qualquer tipo de produção intelectual produzida, seja ela registrada ou não, publicada ou não, está protegida". Para proteger seu conteúdo você pode fazer o registro em:

- *Obras intelectuais, conforme sua natureza*: na Biblioteca Nacional, na Escola de Música, na Escola de Belas Artes, entre outras;
- Programa de computador: no Instituto Nacional de Propriedade Industrial (INPI).

As pessoas que liberam seu conteúdo, livremente, para que outras pessoas possam copiar ou adaptar, utilizam o símbolo *Creative Commons* (CC). As que não colocam esse sinal estão dizendo que você precisa consultá-las se quiser utilizar seu conteúdo, imagem, o que for.

Além disso, outro problema equivocado para quem está começando a empreender é acreditar que não precisa de planejamento.

De dez camiseterias/marcas que são criadas hoje, oito não vão existir daqui a dois ou três anos. Sabe por quê? Quando um empreendimento surge no calor da emoção, algumas coisas são deixadas de lado: não tem um plano de negócio (pode ser simples), o gerenciamento de estoque fica esquecido e o dinheiro fica misturado em uma única conta.

Ou seja, não pensam a longo prazo. Pensar em um futuro mais distante significa estruturar seu negócio. Sei que é difícil, mas tente pedir ajuda para quem sabe ou quem está fazendo isso há mais tempo que você. Não conseguiremos seguir com nossos empreendimentos fazendo tudo sozinhas.

Outro ponto equivocado é enxergar uma outra marca sempre no viés da concorrência. Isso é um perigo para quem está começando.

Claro que existem disputas de mercado, mas pense por outro ângulo: se criar algo igual, é cópia. Se não conseguir vender, vai falir. Por isso, às vezes, a melhor estratégia é pensar em formas de parceria com empreendimentos/marcas que já existem, para garantir a existência e a sustentabilidade do seu empreendimento.

Além disso, é importante deixar claro, nesse início de conversa, que sofremos de algo que costumo chamar de síndrome da reclamação e oportunidade estagnada. A explicação é bem simples. Quantas vezes você já teve a oportunidade de participar de eventos de graça ou quase de graça e mesmo assim não foi? O que falta para as empreendedoras participarem das ações que estão surgindo? O que acontece para que as pessoas só reclamem das ausências e ignorem as oportunidades?

Não gosto de justificar nada dizendo que é algo cultural. Até porque cultura é convenção, criação humana que pode ser alterada. Mas terei que apelar para isso e dizer que pode ser cultural.

Os movimentos sociais, por exemplo, são pautados na reclamação. Primeiro, identificam o problema e vão reclamar, gritar e exigir soluções. Poucos são aqueles que identificam o contratempo, pensam numa possível solução e compartilham com os demais. Talvez a síndrome da reclamação venha daí. Isso não significa que reclamar seja uma coisa ruim, mas não é o suficiente e talvez nem seja justo quando se têm iniciativas e soluções surgindo, ainda que de forma descentralizada. Parafraseando o poeta Sérgio Vaz, não é preciso cultivar multidões.

Em nosso imaginário e na realidade social, as ausências são maiores que as abundâncias, ainda mais quando temos os recortes de gênero, racial e de classe. Quando a abundância chegar, não deixem que a síndrome de reclamação feche seus olhos para ela.

Nenhum desses conselhos precisam ser levados a sério; a não ser que você queira realmente deixar de fazer parte das 341,6 mil empresas que fecharam nos últimos três anos, de acordo com as Estatísticas do Cadastro Central, feita pelo Instituto Brasileiro de Geografia e Estatística (IBGE), no ano de 2018.

Antes de chegar aos capítulos com "choques de realidade" para quem quer empreender ou já está empreendendo, vou compartilhar com você alguns momentos mais pessoais. Talvez você se identifique, talvez não. Mas é importante que você saiba de que lugar eu estou partindo e que este livro é um completo sincericídio.

NUNCA FUI TÍMIDA, FUI SILENCIADA

Eu tive uma infância tranquila. Filha única, meus pais sempre comigo, colégio OK, fins de semanas divertidos, nunca apanhei. Tudo dentro da normalidade.

Na minha rua, tive alguns colegas. Não sei se foram **bons ou** ruins. Talvez um pouco dos dois. Mas perdi as contas de quantas vezes ouvi deles que, em algum momento, eu iria perder o ano ou ficar de recuperação no colégio. Perdi as contas também de quantas vezes eles me colocaram apelidos horríveis, principalmente falando do meu cabelo crespo. Nunca esperei que eles me pedissem desculpas. As pessoas são orgulhosas demais para isso. Eu só queria que eles parassem. E pararam, quando parei de andar com eles. Que alívio!

Meus pais sempre souberam dos apelidos que eu recebia. Não à toa, a imagem mais linda que tenho da minha infância é a de minha mãe indo conversar com as crianças que me xingavam, explicando porque não era legal elas falarem aquelas coisas. Cada momento desses era como se eu tivesse tomando uma injeção de ânimo. Ou melhor, recebido no peito carga de autoestima vinda de um aparelho desfibrilador (aquele que os médicos utilizam para reanimar uma pessoa com parada cardíaca). Até porque nenhuma criança quer e merece crescer ouvindo que seu cabelo é ruim, que sua pele é suja. Mas eu não sou única nesse barco, não é mesmo?

No colégio não foi diferente. Apelidos atrás de apelidos. Apesar de sempre ter tirado boas notas, nunca ter perdido o ano e ser tudo que os pais esperam de uma filha, não sinto saudades da escola. As "alcunhas" que recebia fizeram o favor de bloquear minhas lembranças de afeto. Esforço-me para lembrar, mas não consigo.

Todos aqueles nomes só me deixavam cada vez mais em silêncio. Dizer que eu era tímida se tornou uma defesa para que eu não ficasse exposta a tantos xingamentos. Mas enfim...

Em 2011, estava no último ano do Ensino Médio. Você já deve imaginar o que a maioria das pessoas deveriam estar fazendo: estudando para o vestibular. Mas, além disso, eu tinha uma chapa de grêmio estudantil para ganhar e ainda inventei de implorar aos meus pais um emprego de jovem aprendiz. Meu desejo foi atendido, mas as expectativas não.

Foi uma época bem louca, confesso. Tive que me desdobrar em mil pessoas ao mesmo tempo para conseguir dar conta das coisas. Mas a pior lembrança de 2011, sem dúvida, foi minha experiência como jovem aprendiz. Hoje enxergo com outros olhos, mas foi ali que entendi o que não queria ser de jeito nenhum.

Antes de começar a trabalhar efetivamente, houve uma formação de dois meses com cursos de gestão, publicidade, empreendedorismo e outros focados em como se comportar no mercado de trabalho. Meu primeiro dia de aula foi com a professora Verena. Ela pediu que cada pessoa escolhesse uma música e explicasse o porquê da escolha. Nossa! Comecei a tremer de tanto nervoso. Não gostava de ter a obrigação de falar em público. Na verdade, não é que não gostasse, eu não conseguia. E quando conseguia, a primeira frase era: "Olá! Meu nome é Monique e sou muito tímida. Não liguem, caso eu erre alguma coisa". Mas, voltando à aula de Verena, a primeira coisa que fiz foi chamá-la no canto e pedir para não me apresentar, porque não estava segura. Pra meu azar, ela disse que teria que tentar assim mesmo.

Escolhi a música *Sonho impossível*, de Maria Bethânia e disse: "Não consigo falar em público, não queria falar agora, mas o mundo vai ver uma flor brotar do impossível chão." E sentei. Lembro desse dia como se fosse hoje e acho que foi ali que entendi que, se eu não falasse o que realmente queria, alguém iria falar por mim. E talvez não fosse o que eu queria.

Comecei a trabalhar numa rede de atacados em Salvador, na parte administrativa. Lembro que, no dia que cheguei, as pessoas me trataram tão bem que achava que seria assim mesmo. Não que não continuou sendo, mas foi mudando aos poucos. Minha primeira experiência foi no arquivo da empresa. Um pesadelo! Tinha que colocar todos os arquivos em ordem alfabética, todos os dias. Todos os dias mesmo, de segunda a sexta-feira, das 14h às 18h. Um pesadelo para qualquer pessoa de 15 anos e ativa. Naquela época, o salário mínimo era muito menor que hoje. Você imagina um jovem aprendiz que ganha metade de um salário mínimo? Um filme de terror de mau gosto.

Não tinha passado nem um mês, quando concluí que precisava falar com a minha coordenadora que aquilo não era pra mim. Fiquei com medo, mas pedi uma reunião só para comunicar esse fato. Lembro exatamente das perguntas que ela me fez: "Você tem certeza que isso não é para você? Você acha mesmo que dará conta em outra função? Quem garante que você consegue fazer outra coisa?"

Eu juro que fiquei com raiva de ouvir perguntas testando minha capacidade, sem ao menos eu ter tentado fazer algo diferente. Mas, tudo bem, e como diz a galera: segue o baile. Segui e o resultado dessa conversa foi ter saído do arquivo e ido parar na Contabilidade. Agradeci tanto a Deus por ter mudado de setor e, logo em seguida, fiquei de mal com ele. Fiquei por lá enrolando papel de nota fiscal, acredita? Sim, todos os dias e de segunda a sexta-feira, das 14h às 18h.

Eu não sabia se sentia raiva de enrolar papel ou de ter passado por todas aquelas perguntas e, mesmo assim, ido parar num lugar pior. Fiquei um mês fazendo isso sem reclamar, porque tinha a vantagem de fazer tudo rápido e sobrar tempo para fazer as atividades da escola e ainda estudar para o vestibular. Mas, na primeira oportunidade, falei sobre meu descontentamento e passei pelas mesmas perguntas. Só que dessa vez foi com uma psicóloga. Parecia que o pessoal me achava uma louca. Como assim uma menina de 15 anos não quer esse emprego? Eu queria um emprego, mas não esse tipo de serviço. Foi totalmente diferente do que esperava aprender como auxiliar administrativo.

Depois da conversa com a psicóloga, fui parar na área de Tecnologia da Informação. Amém! Tinha pessoas legais e, pelo menos, aprendi uma coisa: formatar computador. Mas só isso, também. Quando vi que não dava mais, conversei com o dono da empresa. Acredite, foi o melhor diálogo que tive naquele lugar. A coordenadora duvidava do que eu poderia fazer, a psicóloga não entendia porque eu não estava gostando e o dono compreendeu meus motivos. Pediu para que eu ficasse mais um pouco em outra área, mas eu já estava tão desgastada por ter passado por tantos setores me colocando para baixo, que não queria mais viver naquele ambiente.

A psicóloga ainda não acreditava na minha decisão. Se eu fosse um pouquinho mais nova, iria realmente acreditar que ela estava querendo entrar na minha mente para me fazer mudar de opinião. Meus pais foram chamados para uma conversa, que foi bem engraçada: de um lado eles diziam que respeitavam minha decisão e a psicóloga falava que eu era "muito nova para decidir o rumo da minha vida". Mas saí.

Demorou uns trinta dias para sair a rescisão. E aconteceu num dia de muita chuva, em que a água chegava no meu joelho, sem exagero. Fui até lá apenas para a coordenadora dizer: "Monique, seu último dia foi ontem. Então, não precisa mais vir".

Meu Deus! Atravessei a cidade, peguei chuva, fiquei gripada para ouvir algo que poderia ter sido um telefonema ou e-mail. Foi ali que percebi que parei de ficar surpresa com as inúmeras reuniões que faço hoje, que não dão em nada.

Assim que anunciei minha saída, Carla, uma grande amiga que continua trabalhando lá até hoje, disse que sabia que eu não iria demorar muito tempo ali. Oito anos depois reencontrei duas pessoas que trabalhavam lá na época e continuam trabalhando. Dessa vez, eles estavam me assistindo numa palestra. No final, me abordaram emocionados e tremendo, falando que já tínhamos sido colegas de trabalho. Foi forte essa cena! Eu chorei. Mas voltando, não me arrependo de ter passado por tudo isso, mesmo não gostando. Foi um momento decisivo para entender o que não queria para minha vida: ficar colocando arquivos em ordem alfabética e enrolando papel de nota fiscal.

Deixando de ser jovem aprendiz, só restava me dedicar para passar no vestibular e ganhar o grêmio. Nesse meio tempo, uma professora do colégio perguntou quem gostaria de participar de um debate sobre Direitos Humanos de crianças e adolescentes. Como era um assunto que me interessava, aceitei ir e fui acompanhada de mais uns seis colegas de sala. Era o Congresso da Associação Brasileira de Magistrados, Promotores de Justiça e Defensores Públicos da Infância e Juventude.

Durante o evento, ouvi muito "juridiquês" e não entendia nem 30% do que eles falavam. Siglas como SGD (Sistema de Garantia de Direitos) davam um nó na minha cabeça. Eu me sentia como um jarro numa sala, que só serve de enfeite, porque não sabe opinar. Mas era um evento importante, com várias pessoas do Brasil. A única coisa que consegui fazer foi anotar aquilo que eu não sabia o que era. Ou seja, tudo.

Sempre achei que nomes grandes dão uma sensação de poder para as pessoas. Mesmo não sendo nada demais, todo mundo fala: "UAU!". Por isso, quando voltamos do evento, falamos para todo colégio que fazíamos parte do Conselho Consultivo Nacional da Associação Brasileira de Magistrados, Promotores de Justiça e Defensores Públicos da Infância e Juventude (ABMP).

Um mês depois, vencemos as eleições por 634 votos contra 333. A comemoração foi rápida, porque no mês seguinte já era Enem e vestibulares.

Acabou que não fizemos nada de significativo no colégio, só mesmo ganhar as eleições. Cada um foi para uma universidade diferente e perdemos contato. Foi então que resolvi continuar com o nome Desabafo Social, mas não sabia o que realmente fazer. Na verdade, não tinha ideia de nada que fosse possível fazer. Então, peguei todas minhas anotações da ABMP e fui pesquisar o que significava. Percebi que era tudo muito simples, só a linguagem que não alcançava todo mundo, principalmente o público com quem eles queriam falar: crianças, adolescentes e jovens.

Então, no verão escaldante de Salvador, em 2012, tive a brilhante ideia (não tão brilhante assim) de ficar na esquina da minha rua, no Nordeste de Amaralina, parada, com uma mesa pequena e uma folha de papel em branco. Motivo? Não tinha. Não fazia ideia do que estava fazendo. Não fazia mesmo. Mas foi assim que comecei a chamar atenção de algumas crianças que me abordavam e perguntavam o que tinha no papel. Ali, percebi uma ótima oportunidade de aproximação para falar sobre Direitos Humanos.

Não queria repetir o mesmo erro da ABMP, de usar uma linguagem que pouca gente entende. Para que isso não acontecesse, utilizei a música, principalmente o rap e o pagode baiano. Qualquer ser humano do Brasil, gostando ou não, já ouviu falar de Racionais MC's. Foi com o som deles que comecei a ter um diálogo mais horizontal com todas pessoas que começavam a conversar comigo. E mais horizontal ainda, quando comecei a cantar a música "Covardia", de Igor Kannário, o cantor de pagode baiano mais amado e odiado ao mesmo tempo. Além de músico, hoje ele também é Deputado Federal.

Foram dias e dias só cantando músicas e percebi que decodificar linguagens, para entender contextos, talvez tenha sido o maior ganho que o Desabafo Social teve, sem mesmo existir de verdade.

Fiquei rodando as periferias de Salvador, apenas para conversar e conhecer pessoas. Lembro que, além de música, falávamos muito de novelas. Foi assim que comecei utilizar tudo que passava na TV e relacionar com o tema Direitos Humanos. Se tivesse ido ao ar alguma cena racista ou de violência doméstica, já puxava o gancho para debater sobre os direitos que temos. Nunca tinha resposta para nada, apenas perguntava o porquê do sim, o porquê do não e o que poderia ser diferente.

Lembra do Conselho Consultivo Nacional da Associação Brasileira de Magistrados, Promotores de Justiça e Defensores Públicos da Infância e Juventude? Pois é. Não deixei de ter vínculo com as pessoas do evento e fui convidada para uma nova edição do congresso em Natal, no Rio Grande do Norte. Além dos magistrados, tinha cerca de 12 adolescentes e jovens que também faziam parte do Conselho. Como já tinha estudado todo o "juridiquês" do evento anterior, ficou mais fácil opinar.

Todos os silêncios que eu carregava em mim e na minha história começaram a ser rompidos, aos poucos, durante o evento, quando peguei o microfone, pela primeira vez, para me apresentar em público. Só quem foi silenciada pelo racismo, machismo e todas as outras opressões que o mundo nos mostra, sabe o que é conseguir pegar no microfone e conseguir se sentir bem.

Pois bem. Na ABMP conheci Alef Oliveira, que nos anos seguintes se tornou parte do Desabafo Social e, até hoje, é um dos meus melhores amigos. E também Pedro Higuchi, um jovem líder que infelizmente nos deixou, aos 19 anos, devido à leucemia. O último e-mail que recebi dele foi no dia 9 de junho de 2012, depois de um artigo que escrevi sobre uso e abuso de drogas.

Linda, parabéns. O Nordeste mostra uma grande força.

E a assinatura do e-mail era:

Quando uma árvore é cortada, ela renasce em outro lugar. Quando eu morrer, quero ir para esse lugar, onde as árvores vivem em paz. (Tom Jobim).

No dia 21 de outubro de 2012, Pedro foi para esse lugar, onde as árvores vivem em paz. E minha primeira visita a São Paulo foi para me despedir dele.

Nós o perdemos. O mundo o perdeu. Depois disso, foi bem difícil continuar no Conselho da ABMP, mas fiquei até 2015. Escrevi artigos, fiz palestras, organizei mesas de congressos, coordenei o Conselho. Foi uma ótima experiência.

Em 2013, resolvi entrar na internet e passei a fazer do blog do Desabafo Social um diário de bordo das coisas que fazia nas ruas. Ele só foi ganhando corpo quando comecei a fazer cineclubes, oficinas de comunicação e workshops de narrativas criativas. E sinto que não comecei o movimento que é o Desabafo apenas pelo meu descontentamento com o "juridiquês", mas também depois do vídeo que assisti com o engenheiro Samir. Ele cita sua amiga Mariana para explicar a diferença entre ser consciente e estar conscientizado. Ser consciente é saber que algum problema existe. Estar conscientizado é o que acontece quando saímos do lugar de conforto para tentar achar uma solução para o problema.

Para minha felicidade, logo depois que entendi essa diferença, participei do projeto Imagina Na Copa, uma iniciativa de quatro jovens de São Paulo que procuravam histórias que mereciam ser contadas. Como eles mesmos descrevem, o Imagina é uma plataforma de mudança social para compartilhar conhecimento e conectar jovens transformadores em todo o país.

Gravamos um vídeo, que você pode conferir na internet, sobre o que é e como surgiu o Desabafo Social, com o depoimento de Juliane e Irenio, duas grandes pessoas que passaram pelo projeto e com quem eu pude conviver, não só na minha iniciativa, mas também por alguns meses na Oi Kabum! – Escola de Arte e Tecnologia.

Esse depoimento viralizou tanto, que eu não sabia que o Desabafo tinha virado notícia em portais de educação. Ele começou a ser chamado com muita frequência para eventos e mais gente queria fazer parte. Percebi que estava fazendo sentido não só para mim, quando outras pessoas passaram a colocar no Facebook que trabalhavam nele. Na verdade, não trabalhavam, apenas replicavam a metodologia que escrevia no blog. Que felicidade! Foi incrível ver, a olho nu, que ele finalmente estava ganhando forma e não era mais meu. Passou a ser de todo mundo.

Durante dois anos, sempre iniciava qualquer palestra falando do meu grande problema: a timidez. Era como se fosse uma proteção para todos os silenciamentos que habitavam (e de certa forma continuam habitando) em mim. Quando falo sobre isso, não sei se fica muito claro para você. Estou falando do racismo institucional que me impediu, muitas vezes, de acessar espaços que disseram que não eram para mim. Das piadas racistas, em tom de brincadeira, que acabavam com minha autoestima e da hiperssexualização do meu corpo, tirando minha humanidade. O racismo me deixou paralisada por muito tempo.

Em um desses eventos, mais especificamente na Semana de Combate à Violência e Exploração Sexual de Crianças e Adolescentes, havia uma pessoa na plateia que, meses depois, passou a fazer parte do Desabafo Social e está conosco até hoje: Gabriel Leal. Não só ele, mas a maioria dos presentes disseram que eu não tinha nada de tímida. Dizer só isso sobre ele não quer dizer nada. Ele se tornou meu braço direito, esquerdo, tudo! Confio nele de olhos fechados e torço por ele todos os dias. Eu nem sei orar direito, sou toda torta com isso. Mas oro por ele.

NÃO É SÓ TALENTO E SORTE

Engraçado pensar sobre talento. Fiquei silenciada por quase 16 anos e, de uma hora para outra, – talvez não tão de uma hora para outra assim –, mas, pós Desabafo Social, a primeira coisa que comecei a ouvir das pessoas foi "Nossa! Você tem muito talento para falar em público". Que loucura, não? Lembro que, durante mais ou menos um ano e meio, os convites que recebia para falar em eventos eram apenas sobre o Desabafo Social. Para falar todo o clichê que qualquer frequentador de eventos de empreendedorismo social já está acostumado a ouvir: sobre o que é seu projeto, como surgiu, o que faz e como está impactando a vida das pessoas. E, no final, vários aplausos. Mesmo se a plateia não tiver gostado.

Frequentei muito desses eventos para entender que território é esse, no qual as pessoas querem tanto ouvir sobre minhas ações. Passei a entender que estava sendo feita de "totem humano" do empreendedorismo social. Os eventos adoram ter pessoas como eu, principalmente se elas têm uma história de superação. Mas, para a infelicidade da galera, não tenho nenhuma história tão triste que deva ser superada e contada no meio do palco, com tantos holofotes.

A partir deste momento, fui identificando outros totens jovens que tinham projetos sociais. Infelizmente, eles continuam contando a mesma história até hoje, mesmo com seus respectivos projetos desativados. Vai ver eles gostaram tanto dos holofotes que não conseguiram sair dessa bolha. Ou talvez a única coisa que conseguem fazer é isso: falar de si.

Depois de entender também que não era possível eu ter apenas uma coisa, uma história e uma única verdade para contar ao mundo, comecei a estudar muito mais os assuntos pelos quais tinha e continuo tendo interesse. Afinal, contar história de vida não sustenta ninguém por muito tempo.

As pessoas fazem tanta massagem em nosso ego, nos tornam super-heróis, que, se deixar, não conseguimos enxergar nada além do nosso umbigo. Mas, na maioria das vezes, o que é bom para nosso umbigo não é tão bom para sociedade. E temos que lidar com isso. Somos todos substituíveis, principalmente nesta sociedade de imagem.

A partir desse entendimento, pude perceber que não vou e nem quero catequizar ninguém sobre a importância do meu projeto, mas, sim, tornar o Desabafo Social o meio para dialogar com as pessoas. Nunca o imaginei como fim de algo, mas sempre como o meio, o processo para alguma coisa. O Desabafo nasceu projeto social, mas, hoje, é um projeto editorial com imersão em conteúdos que impactam o comportamento e as relações humanas. Assim, conseguimos, mensalmente, nos dedicar a um único tema com mais profundidade, sempre produzindo conteúdo com parceiros que dominam o assunto do mês. O resultado é subjetivo, mas tangível, a partir do momento que vemos uma pessoa deixar de ser um agente passivo para ser ativo nas decisões.

Quando o Desabafo Social fez seis anos de existência, lançamos um projeto chamado Inventividades, espaço de formação em economia criativa para pequenos empreendedores. Além da formação, há uma apresentação final perante uma banca de jurados, também empreendedores, que votam no projeto que esteja mais alinhado com pontos como: o impacto social, sustentabilidade, relevância, etc. A iniciativa mais votada ganha um prêmio, que varia a cada edição porque temos parceiros diferentes. Começou com dinheiro e foi passando por bolsas de inglês, audiovisual e afins.

O motivo para criar o Inventividades é simples: não queria ver pessoas decepcionadas num futuro próximo. Podemos mudar o mundo, mas com os pés no chão. Não podemos deixar que todos os problemas milenares da Humanidade sejam colocados em nossas costas. Ninguém precisa resolver isso sozinho. Ninguém consegue.

Voltando para o Inventividades, fizemos cinco edições no ano de 2017 e conhecemos empreendedores sociais de diferentes áreas. Da estética à saúde, passando por tecnologia e educação.

Todo mundo chegava com o mesmo pensamento: pagar boletos com amor. Isso mesmo! Sabe quando nosso recibo de energia chega? Ou do aluguel? Então, pagar apenas com amor. Ligar para a empresa de energia e justificar o pagamento, assim: "Oi, tudo bom? Vou comentar no Facebook o quão importante é o trabalho que vocês estão desenvolvendo, levando energia elétrica para as pessoas. Parabéns e obrigada desde já!". Esse exemplo só foi para dizer que não existe essa possibilidade. Ninguém nunca conseguirá fazer isso.

Tirar essa ideia da cabeça dos participantes não foi tão fácil. Lembro que as pessoas me olhavam com cara de assustadas, tipo: "Por que ela está falando isso? Ai, meu Deus! Acabou minha vida! E agora?". Jogando a culpa na astrologia, talvez por eu ser virgem com ascendente em touro, sou mais terra firme que uma pessoa de aquário com ascendente em câncer. Isso realmente pode dar um choque. Mas um choque bom, de troca de perspectivas. Foi isso que fiz, durante todas as edições.

A primeira aconteceu no Nordeste de Amaralina, lugar onde nasci. Um bairro com cerca de 120 mil habitantes, com diversos talentos, mas muito marginalizado pela mídia brasileira. Enfim... Fiz lá e lembro que o prêmio era em dinheiro. Confesso que foi a pior escolha. O premiado da edição sumiu e nunca mais ouvi falar dele. Mas com os demais participantes até hoje tenho contato e algum vínculo. Uns mais, outros menos.

Uma grande felicidade que tenho foi ter reencontrado Brenda Costa, cofundadora da OxenTI Menina. Nome incrível, né? Bem baiano!

Ela estudava no mesmo colégio que eu, uma série a menos, e nunca mais a vi, mesmo morando no mesmo bairro. Para minha surpresa, ela apareceu na formação com um projeto incrível de tecnologia. Fiquei apaixonada, logo de cara, e confesso que estava na torcida. Mas não podia interferir em nada.

Brenda é uma menina superinteligente, mas, no dia da banca final, suava e tremia de tão nervosa. Isso impediu que os jurados entendessem a relevância do projeto dela. Brenda não levou o prêmio, mas ganhou uma super admiradora. Sem contar que uma das juradas, chamada Juliana, adorou tanto o projeto, que hoje é voluntária.

Assim que acessamos o site da OxenTI Menina, já damos de cara com a linda descrição: "Queremos mais mulheres na ciência, na tecnologia e empreendedorismo e queremos agora! O futuro também é feminino e ele é para já!". Ler isso me traz uma sensação de conforto. Mas o melhor foi quando fui vivenciar um dia de aula delas. Sim, elas dão aula de lógica de programação e criação de aplicativos, sem contar que preparam as interessadas em participar de competições, como Technovation Challenge, a maior competição de tecnologia e empreendedorismo para meninas. Criei meu primeiro aplicativo com elas: uma calculadora. Falando assim, parece besteira, mas é muito bom quando você começa a entender programação e sabe que é capaz de fazer tudo isso sozinha.

Comecei a acompanhar a OxenTI Menina cada vez mais de perto e pra todo mundo que me perguntava se poderia indicar alguém da tecnologia, eu já tinha a resposta na ponta da língua. Por isso, o projeto foi para dois grandes eventos nacionais: o Festival Latinidades, em Brasília, e o ColaborAmerica, no Rio de Janeiro.

Há uma fala de Brenda que não esqueço: "O maior prêmio do Inventividades é a conexão entre pessoas e a oportunidade de ver seu projeto de um ângulo diferente". Fiquei com isso na cabeça e enviei uma mensagem perguntando para ela o que ela quis dizer com "ver seu projeto de um ângulo diferente". A resposta me fez sorrir e ver que ser virgem com touro não é tão ruim assim como as pessoas falam.

Pela primeira vez, ouvi que o propósito do Inventividades estava fazendo sentido. Brenda tinha menos chances de se decepcionar, depois que colocou o pé no chão. Ela entende a importância do seu projeto, mas também que é fundamental pagar as contas e as pessoas que trabalham com ela. Ela já tem o talento para tecnologia, mas só conhecia uma única linguagem de programação, o que a impedia de crescer.

Hoje, Brenda está aprendendo novas linguagens, o que facilita a participação dela em eventos e projetos dos quais, antes, não participaria. Ela está aperfeiçoando a técnica, para que suas ações continuem sendo sustentáveis no futuro.

É exatamente isso: talento e técnica caminham juntos. Nenhum atleta é tão bom que não precise treinar para continuar sendo o melhor. Sorte é a justificativa de outras pessoas, quando não entendem porque elas também não conseguem fazer determinada coisa.

A sorte também pode ser sinônimo de preparo: você pode até estar sentada comendo pão de queijo e, do nada, aparecer um grande jornalista e perguntar: "Já pensou em trabalhar na TV?". Se você não estiver preparada, vai perder essa oportunidade. Trago esse exemplo porque foi isso que aconteceu comigo. Foi assim meu convite para o Profissão Repórter. Contarei melhor um pouco lá na frente...

Quero trazer mais exemplos de empreendedores que conheci, para que você possa entender que não é só o talento que faz uma pessoa ser o que é. São diversos fatores.

Jaciana Malaquias é uma empreendedora de Belford Roxo, Rio de Janeiro. Ela tem a Era Uma Vez Um Mundo, negócio social que cria brinquedos educativos, principalmente bonecas e bonecos pretos.

Jaci é formada em Pedagogia, é mãe, mulher negra, usa lindos dreadlocks tipo os meus e muito mais. Ela, enquanto educadora, poderia falar apenas das suas vivências, enquanto mulher negra, para iniciar seu negócio. Sim, ela fez isso. Mas percebeu que só isso não dava. Assim como eu percebi – e ainda bem que foi super cedo. Amém!

Quando vejo Jaci falando, percebo que ela tem mesmo o dom da palavra e para ser educadora. Mas, para dar continuidade às suas ideias, teve que se formar em pedagogia, fazer pós-graduação em Gestão Empresarial e muito mais. Não estou dizendo que não é válido falar das nossas vivências, elas são importantes para contextualizar o receptor da mensagem sobre o que estamos falando. Porém, nossos projetos sociais e empresariais não irão se sustentar apenas com isso.

Pensa comigo: você tem uma loja de roupas. Por mais que não goste de fazer contas, você precisará ou terá de contratar alguém que entenda de questões financeiras; do contrário, estará falindo a pessoa física para manter a jurídica. Resumindo, você não vai conseguir pagar as contas da sua loja.

Isso significa que existem coisas que são super necessárias e que caminham juntas, não são excludentes. Reforço que este é o exemplo do uso talento aliado à técnica.

Não vou generalizar, mas também não quero citar casos para que não haja mal-entendido. Mas olhando bem, algumas pessoas pecam neste aspecto. Querem falar sobre um determinado assunto, por exemplo, racismo e feminismo, a partir de suas vivências, o que é totalmente válido, coerente e necessário. Mas se esquecem que, para amadurecer argumentos e encontrar soluções tangíveis, é preciso ganhar tempo, estudando sobre os temas. Do contrário, iremos aos eventos assistir as mesmas pessoas falando sobre o mesmo assunto e exatamente da mesma forma. Isso volta para aquele clichê que citei no início do capítulo: falar apenas do próprio umbigo.

Eu, por exemplo, comecei o Desabafo Social fazendo exatamente a mesma coisa que Paulo Freire fez e registrou em seus livros, mas sem saber da existência dele. Com o passar do tempo, li quase todos os livros deste mestre, se não todos, para entender mais sobre educação popular, ter referências e executar melhor meu trabalho.

Não sei quantas vezes tive que dormir um pouco mais tarde para finalizar pesquisas sobre conteúdos que me deixavam insegura. Perdi as contas de quantas pessoas tive que acionar para poder assimilar o que determinado livro dizia. Assisti e continuo assistindo variadas produções audiovisuais, a fim de não correr o risco da história única. Existe todo um preparo antes de abrir a boca. Não é só falar do que eu vivo.

Não vou cair no equívoco de dizer que a internet está aí para todos. Isso não é verdade. Cerca de 77 milhões de brasileiros não possuem acesso a ela. Mas a pessoa que tem, precisa de um incentivo para começar a desbravar assuntos antes impensáveis.

Em se tratando de uma pessoa que tem um projeto ou negócio social e quer continuar pensando coletivo, não estudar sobre aquilo que faz ou está envolvida pode ser considerado preguiça, comodismo com seu ego de super-herói ou desnorteamento em meio a tanta informação. Se o seu caso for a última opção, é legal procurar ajuda. Pedir ajuda é sempre bom. Eu devo ser a pessoa que mais peço favores e auxílio a alguém quando não sei para onde ir, onde encontrar e o que fazer. Só precisamos estar abertos para isso. Às vezes, precisaremos ouvir o que não queremos. E o que não queremos ouvir talvez seja uma verdade vista de outro ângulo, fora do espelho.

Espero que você tenha entendido que, quando falo de estudar e estar preparado, não me refiro à educação formal. O aprendizado acontece de diferentes formas e em diferentes tempos para cada pessoa. Darei, a seguir, um exemplo dos equívocos que algumas organizações cometem, quando não valorizam as habilidades e competências oriundas de outros tipos de educação.

Trabalhei por um ano numa organização sem fins lucrativos, em Salvador. Foi uma experiência muito bacana, tanto para ter certeza do potencial que tinha em mãos, quanto para entender outros caminhos que não queria percorrer. Criei metodologias, geri projetos, fui mentora de algumas formações com adolescentes e jovens, acompanhei o desenvolvimento das ações e todas as funções que uma gestora de projetos ou, no mínimo, uma assistente de projetos faz. O problema era que eu não ganhava o valor compatível com as tarefas.

Lembro que, quando fui questionar sobre o salário, a resposta não poderia ser pior: "Monique, suas competências não são compatíveis com a norma daqui. Se você fizer algum mestrado, doutorado ou falar inglês fluente, isso vai aumentar seu salário".

Naquele dia, percebi que as organizações que têm, em média, dez anos não estão preparadas para nenhuma geração contemporânea. Elas analisam as competências dos funcionários, a partir de um modelo educacional do século XVIII, com educadores do século XIX e estudantes do século XXI. Por isso, cada vez mais, a geração *millenials* não aceita trabalhar em ambientes deste tipo.

O que já estamos vendo são organizações querendo dialogar com o público jovem, mas tendo como porta-vozes gente acima dos quarenta anos. O ambiente não é conquistador, as pessoas só realizam atividades de acordo com hierarquia que ocupam e o trabalho não é empolgante o suficiente para fazer alguém ficar por mais tempo. Enquanto esses modelos de organização não entenderem que a sociedade está passando por um processo de descentralização e horizontalidade, não serão significativas em um futuro próximo.

Tudo bem, você pode me questionar dizendo que o futuro será diferente, afinal, na internet, podemos encontrar diversas manchetes falando sobre "os talentos e competências para o futuro". Mas, antes de falarmos sobre este tema ou qualquer modelo de inovação disruptiva, vale olhar o retrovisor da história da Humanidade.

Provavelmente você, assim como eu, conhece a frase "Igualdade, liberdade e fraternidade", incansavelmente repetida nas aulas de História do Ensino Fundamental II. Ela nos remete imediatamente ao início da Modernidade: Revolução Francesa, início do Capitalismo, formação de um Estado-nação, emergência da burguesia e todos os ideais Iluministas.

Foi com a Modernidade que aprendemos que a razão é a chave principal para o desenvolvimento tecnológico e garantia do progresso da Humanidade, nos proporcionando felicidade e bem-estar social. O debate sobre progresso pode ser feito individualmente a partir do filme "Narradores de Javé", dirigido por Eliane Caffé. Ele traz a história do Vale de Javé, que, em nome do desenvolvimento, é ameaçado pela construção de uma hidrelétrica na região.

De um lado, temos a consolidação da Modernidade, a partir das promessas de felicidade, bem-estar, autonomia, liberdade, igualdade e progresso pautadas pelo desenvolvimento político, social, cultural, tecnológico e científico. Do outro, temos a ineficácia dos Direitos Humanos para a maioria da população terrestre, a globalização que, como fábula, chega de forma perversa a determinados grupos sociais e as democracias com estruturas abaladas, principalmente na América Latina.

Hoje, estamos em pleno século XXI, com negócios sociais querendo mudar o mundo, tecnologias tentando impulsionar a igualdade e uma emergência do debate sobre futuro inclusivo. Olhando de longe, realmente parece que este momento da História está cumprindo, ou ao menos tentando, o que a Modernidade nos prometeu. Não é papel de uma era ou geração corrigir o erro da anterior. Mas precisamos ter olhos e ouvidos atentos para não reproduzir os erros e escalar tudo aquilo que não foi bem-sucedido. Ou resolver determinados problemas e retroalimentar aqueles que já existem, como foi o caso do Pokémon Go.

O Pokémon Go é um jogo de realidade aumentada que virou febre no mundo em questão de segundos. Hoje, ele desapareceu. As pessoas saíam às ruas para caçar Pikachu e o sucesso no jogo estava relacionado com a circulação na cidade, o que parece bom. No entanto, ele reforçou alguns problemas que as tecnologias digitais ainda não conseguiram resolver, como a questão da desigualdade. Na periferia, por exemplo, o número de pokémons era bem mais reduzido se comparado ao das áreas centrais, o que reflete exatamente como ocupamos a cidade.

Os algoritmos também estão no centro das atenções para desenharmos futuros possíveis. O Desabafo Social lançou, em março de 2016, uma campanha chamada "Busca pela Igualdade", convidando os maiores bancos de imagem do mundo a repensarem seus algoritmos. Ela mostrou a diferença no resultado da busca de termos como "pessoa negra" e somente "pessoa", "pele negra" ou simplesmente "pele". O resultado foi bastante lógico, considerando a estrutura social em que vivemos. Pessoas negras só existem e aparecem, quando a palavra "negra" vem acompanhada.

Outro experimento foi realizado pela pesquisadora da MIT, Joy Buolamwini, o qual mostra que as tecnologias do reconhecimento facial não conseguem reconhecer peles negras. Ela precisou utilizar uma máscara branca para que pudesse ser identificada. Não podemos esquecer, também, que algoritmos são conjuntos de dados criados por pessoas, por engenheiros. Ou seja, as tecnologias não são neutras.

Até aqui percebemos que, mesmo no século XXI, as tecnologias não estão cumprindo o que a Modernidade nos prometeu: inclusão e igualdade. A Oxfam Brasil realizou um estudo mostrando que apenas seis brasileiros – Jorge Paulo Lemann (AB Inbev), Joseph Safra (Banco Safra), Marcel Herrmann Telles (AB Inbev), Carlos Alberto Sicupira (AB Inbev), Eduardo Saverin (Facebook) e Ermirio Pereira de Moraes (Grupo Votorantim) – concentram a mesma riqueza que a metade da população mais pobre.

Todo semestre é divulgada uma nova pesquisa que fala sobre o futuro do trabalho. A mais recente, realizada por McKinseu & Co., mostra que 45% dos empregos existentes, hoje, serão automatizados nas próximas duas décadas, dentre eles, os mais comuns no Brasil, principalmente para a população de baixa renda: operadores de telemarketing, caixas de supermercado e frentistas. Isso significa que cerca de um milhão de operadores de telemarketing estarão desempregados, só no Brasil.

Nos Estados Unidos, essa automatização já acontece. A Amazon criou recentemente a Amazon Go, uma nova loja sem necessidade de pagamento. Eles utilizam as mesmas tecnologias usadas em carros autodirigidos, como visão por computador, fusão de sensores e aprendizado profundo. Dessa maneira, é possível detectar imediatamente quando algum produto é retirado da prateleira, quem foi o consumidor e enviar a conta diretamente para o aplicativo dele. Já está funcionando em Seattle, Washington.

Pode parecer assustador, mas já vimos mudanças assim em diferentes períodos da História. Um exemplo muito simples foi o desaparecimento de profissões como alfaiate e amolador de faca, depois da Revolução Industrial. Peter Diamandis, CEO da XPrize Foundation, traz outro exemplo interessante. Os Estados Unidos passaram de uma sociedade de 84% de fazendeiros, em 1810, para apenas 2%, atualmente.

Se, hoje, podemos ter noção do que poderá acontecer no futuro, está na hora de começarmos a criá-lo, e cumprir o que a Modernidade, no século XVIII, nos prometeu: igualdade, liberdade e fraternidade. Pensar o futuro é poder enxergá-lo a partir de diferentes ângulos, não só pela lógica do crescimento e transformação, mas também do declínio e do conflito. Isso só será possível com diversidade de pensamentos, vivências e contextos.

Enfim... para terminar este capítulo, é importante que você saiba que talento é relevante, mas não é suficiente para sustentar nenhum projeto, ideia ou negócio. Sou daquelas pessoas que acredita ser necessário fortalecer cada vez mais nossos pontos fortes, nossas habilidades. Mas precisamos estar preparadas para contratar e ter pessoas melhores que nós em nosso time, a fim de que complementem nossos pontos fracos.

Sorte é uma convenção humana que criaram para colocar em nossas cabeças que algumas pessoas nasceram viradas para a Lua e outras viradas pro Sol. Seria mesmo possível uma pessoa ser única e exclusivamente azarada?

Por fim, não espere resultados daquilo que você nunca produziu, só porque você acha que é sortuda e talentosa.

SÍNDROMES DA JORNADA EMPREENDEDORA

Depois que abri um pouco da minha história, nos próximos capítulos o foco é ser muito mais realista e sincera com você. Não se assuste. É o meu jeito de cuidar das pessoas.

Vamos tentar esquecer por um minuto, algo quase impossível, dos nossos desafios, enquanto mulheres empreendedoras. Na verdade, podemos descartar essa tentativa e entender, diante deste cenário de desafios e dificuldades, se existe alguma coisa que só depende da gente para continuar ou parar.

Uma das justificativas para que nossas ações e negócios não deem certo é a síndrome do impostor, que, de acordo com uma pesquisa realizada pela psicóloga Gail Mattews, da Universidade Dominicana da Califórnia, atinge cerca de 70% dos profissionais bem-sucedidos, sobretudo as mulheres.

Vamos tentar visualizar de onde surgiu essa síndrome. Se olharmos bem, sempre existirá pessoas opinando sobre o nosso trabalho. Aquelas que a gente gostaria de ouvir um feedback e as que não queríamos ter por perto. Todo mundo vai querer dar seu pitaco. E, com tanta opinião, claro que inseguranças começam a aparecer.

Passamos a nos questionar se realmente é esse o caminho, se faz sentido fazer o que se faz, se somos boas o suficiente, se um dia alguém irá reconhecer o esforço e assim por diante. E se você é mulher, mulher e negra, mulher e lésbica ou mulher com mais alguma característica que possa ser utilizada por outros para oprimir, essas inseguranças são multiplicadas por mil. Eu sei bem o quanto é difícil.

Sabendo do contexto de machismo, racismo, lgbtfobia em qual vivemos e das barreiras que teremos que passar, o mínimo que podemos exercitar é filtrar o que queremos ouvir. Não adianta dar atenção para aquelas pessoas que querem criticar de maneira construtiva, mas não construíram nada. Ou aquelas que ficam paradas, mas dizem o que você deve ou não fazer.

Precisamos blindar nossos ouvidos e estimular nosso cérebro para saber a diferença entre uma opinião realista e necessária e uma opinião tóxica. Além disso, você vai encontrar em sua jornada empreendedora pessoas que vão resumir seu sucesso e resultados em uma única palavra: sorte.

Eu não duvido que a sorte exista. Mas nem tudo é sorte e nem tudo é fake news, por mais improvável que possa parecer. Trago um exemplo meu.

Muita gente me chama de sortuda por ter ido trabalhar como repórter no programa Profissão Repórter, da Rede Globo. Vou explicar como fui parar lá.

Estava sentada na lanchonete da Rede Globo, em São Paulo, comendo pão de queijo, com meu amigo Leandro Castilho. Nesse dia, estava contando a ele sobre meus projetos e falando da palestra que teria no dia seguinte. Conversa vai, conversa vem, Caco Barcellos sentou-se à mesa ao lado. Até aí, tudo bem. Continuei minha conversa...

Depois de alguns momentos, Caco ficou me olhando. Eu olhava, mas desviava o olhar, porque não sabia lidar com essa situação. Em seguida, ele pediu licença e perguntou se eu já tinha pensado em trabalhar na televisão. No primeiro momento, disse "não". Isso mesmo, disse "não" para o Caco Barcellos, o maior jornalista de todos os tempos. Fiz isso, porque foi no susto e não porque eu realmente não tivesse pensado em trabalhar na televisão. Meu amigo que fez as honras e começou a me apresentar, falar do meu trabalho e afins. Depois de uns cinco minutos de conversa, Caco foi embora e me disse para pensar.

Passaram-se três meses quando ele me ligou perguntando se eu já tinha alguma resposta. E o melhor de tudo é que ele mal me conhecia. Tudo que ele sabia sobre mim foi a apresentação que meu amigo fez, em cinco minutos de conversa. Mas aceitei o desafio. Fui para o Profissão Repórter.

Olhando assim e contando desse jeito, realmente vale me chamar de sortuda e dizer que nasci virada para Lua. Agora vamos olhar por um outro ângulo...

Aquele dia em que o Caco me parou na lanchonete, foi exatamente uma semana depois que eu tinha terminado minha faculdade. Para entrar na Rede Globo, precisava ter formação em ensino superior. Eu tinha.

Outro ponto é que nem todas as pessoas têm acesso a uma lanchonete dentro da emissora. Isso aconteceu, porque já conhecia algumas pessoas que trabalhavam lá, pois já havíamos feito alguns projetos juntos. Era um ambiente com uma relação já construída. Logo, sorte é quando a gente consegue preparar, intencionalmente ou não, um terreno fértil para que as oportunidades cheguem.

Não podemos resumir as vitórias das pessoas apenas pelo quesito sorte. Precisamos enxergar o processo que se deu no preparo, entendimento, desistência, continuidade e, finalmente, realização do que realmente se queria.

Outra síndrome é aquela que já citei quando iniciamos nossa conversa: a da reclamação e da oportunidade estagnada. Esta talvez seja a que mais atrapalhe a jornada das empreendedoras.

Nós, meros humanos, costumamos terceirizar a culpa, afinal, ela nunca é nossa. É sempre da amiguinha que tem inveja, do colega de trabalho que faz comentários desnecessários, da figura pública que deveria ajudar mais as pessoas, da moça que deveria se posicionar em público, do rapaz que criou um curso longe demais da nossa casa e, assim, vamos seguindo.

E, como se não bastasse, nunca está bom. Reclamamos de tudo e de todos. Reclamar por reclamar não faz você mudar a situação. Faz você ser uma pessoa mais chata. Até para reclamar precisamos ter argumentos e, em seguida, proposições. Mas, sabemos que não é bem assim.

Nesse cenário, vamos deixando que as oportunidades passem. É sempre assim. Esperamos, ansiosamente, para que nossa palestrante favorita venha a nossa cidade. Quando ela chega, inventamos uma desculpa e não vamos. Ou então dizemos que está caro. Quando é gratuito, dizemos que é longe. Quando é perto, argumentamos que estamos cansadas, porque tivemos um dia cheio. Quando estamos livres, afirmamos estar com preguiça e perguntamos se vai ter transmissão ao vivo nas redes sociais.

Além dessas, temos a síndrome da heroína. Queremos fazer tudo ao mesmo tempo, não é? Ficamos ocupadas até não aguentar mais e chamamos isso de ser produtiva.

Sinto informar que isso não é produtividade e, sim, masoquismo. Ninguém sente prazer em ficar cheia de trabalho, sem momento de lazer, sempre ocupada, sem tempo para a família, amigos, amigas, filhos...

Estar ocupada é ver que chegamos ao final do dia e percebemos que não fizemos nada importante ou prioritário. Ser produtiva é saber que se conseguiu cumprir, ao menos, 90% do planejado.

Há diversas formas de conseguir chegar a um nível interessante de produtividade. Você pode começar por anotar as tarefas que precisam ser realizadas no dia, elencar as prioritárias, utilizar aplicativos ou outras ferramentas de foco, diminuir o uso de redes sociais, enquanto estiver trabalhando, e se recompensar por ter feito o que foi planejado.

Eu costumo utilizar uma planilha na qual anoto as atividades que tenho para fazer e a divido em três tópicos: Eficiência, Efetividade de Planejamento e Imprevisão.

Eficiência me mostra quais as atividades planejadas foram realizadas. Efetividade de Planejamento diz se estou cumprindo ou não as ações. Imprevisão se dá, quando executo uma tarefa que não estava planejada. Através dessa metodologia, é possível visualizar em que devo melhorar para ser mais produtiva. Se a Imprevisão estiver muito maior que a Eficiência e a Efetividade de Planejamento, significa que estou muito mais ocupada, atolada de trabalho e nada produtiva. Outro método é listar o que precisa ser feito e pontuar cada atividade. No final do dia, consigo ver o que consegui realizar e somos as pontuações.

Não romantize a falta de tempo. Isso parece doentio. E só para lembrar: empreendedoras têm férias. Sacrificar seu lazer para ficar enviando mensagens de trabalho ou checando e-mails não significa que você é competente, e sim que você é uma pessoa ansiosa. E isso prejudica o trabalho, e não o descanso.

Dentro da síndrome da heroína, ainda há aquele momento em que achamos que temos o domínio total de cada área do nosso negócio. Claro que, no fundo, você sabe que não, mas quer mostrar o contrário.

Ninguém sabe tudo. E, se você quer que seu negócio funcione, é melhor pedir ajuda.

Desfaça do seu ego e procure pessoas melhores que você em alguma área. Seja no financeiro, vendas, jurídico, não importa. A pessoa precisa dominar o tema ao qual se propõe atuar, porque sozinha você não dará conta de tudo.

É difícil olhar para o lado e ter uma pessoa melhor que você em alguma coisa, né? No início pode parecer estranho, mas esse desconforto não dura muito tempo, quando você percebe que não é para satisfazer uma vontade pessoal, é algo coletivo. É para o seu negócio, seus clientes, para a sociedade. Tudo, menos você.

Empreendedoras precisam parar de ser o centro das atenções. A atenção é para o público final do seu empreendimento, do contrário você vai permanecer no estágio 1 da Tríade Digital, a visibilidade. E ela sozinha não é suficiente.

São essas síndromes que atrapalham nossa jornada empreendedora. Mas a síndrome da reclamação e da oportunidade estagnada é ainda pior. Ela é uma escolha só sua. Faça e exercite caminhos possíveis para se livrar delas. Livre-se do ego, pare de olhar pro seu umbigo. É para frente que se olha! A responsabilidade é sua e há coisas que você não poderá terceirizar.

TRÍADES
DAS DECISÕES

"O mundo mudou": essa é a frase mais clichê que ouvi em 2017. Mas isso não a torna uma inverdade. O mundo de fato mudou, mas muitas estruturas continuam as mesmas, sobretudo quando falamos de reconhecimento da produção intelectual.

Vamos tentar visualizar dois cenários. No primeiro, podemos analisá-lo pela perspectiva da empreendedora que utiliza plataformas digitais como seu principal canal de venda ou aquela que trabalha como criadora de conteúdo. Existe um tripé simples de enxergar e complexo de executar que é: visibilidade, credibilidade e dinheiro. Vamos chamá-lo de Tríade Digital.

A visibilidade é a parte mais fácil de chegar e muitas vezes a mais difícil de sair. É o estágio 1 das empreendedoras, como as que citei no parágrafo anterior.

Quando falo sobre visibilidade, estou me referindo às milhares de entrevistas que costumamos dar para sites, revistas e jornais, os eventos VIPs e os presentes exclusivos e ao fato de achar que isso é o suficiente.

O estágio 1 é perigoso porque é viciante e um ótimo massageador de ego. Por isso, poucas são as empreendedoras que conseguem ultrapassá-lo. E é neste momento que precisamos nos dar conta que a fama não vai pagar nossos boletos.

Além de ser perigoso, ele é um momento crucial para decidir o rumo do negócio, projeto ou ação, porque é nele que sentimos como o público reage ao nosso produto ou serviço, é uma ótima oportunidade de conseguirmos retorno e opinião sobre nosso negócio e testarmos nosso produto mínimo viável. Posso ir um pouco mais longe e arriscar a dizer que é quando você começa a enxergar se o seu negócio vai dar certo ou não.

No entanto, só visibilidade não vai fazer você ou seu empreendimento existirem. No estágio 2, temos a credibilidade.

A credibilidade é algo construído. Tem a ver com a referência que você se torna dentro do nicho em que atua. Para saber se você o atingiu, é simples. Faça a si mesma as seguintes perguntas: as pessoas confiam no que eu faço? Confiam a ponto de pagarem pelos meus serviços e produtos? Para que você entenda mais a respeito, darei um exemplo prático.

Ana Paula Xongani é uma estilista, youtuber, apresentadora e empresária. Ela é dona de uma marca de moda afro chamada Xongani.

Na maioria das vezes, em rodas de conversa de empreendedorismo deste segmento, em São Paulo, as pessoas indicam e citam Ana Paula. Isso porque, além de toda visibilidade que tem, ela passa credibilidade, ou seja, adquiriu confiança do público e dos clientes, tornando-se referência na área. Ela não só tem uma marca para vender roupas, ela domina o assunto, entende sobre moda, tem confiança para compartilhar o conhecimento. Ela é um combo perfeito.

O estágio 2 só acontece quando, além de confiança do público, a empreendedora domina exatamente aquilo que está fazendo. Credibilidade se dá quando a pessoa não pensa duas vezes em chamar você para palestrar, pensar em contratar seus serviços ou comprar seus produtos.

E o último estágio é o dinheiro. Ele não vai chegar só porque você considera sua ideia, seu produto ou serviço incrível. Vai chegar quando você for lembrada. E, para ser lembrada, não precisa necessariamente passar pelo estágio 1, da visibilidade, dos holofotes. Precisa ser lembrada por aqueles que você quer atingir dentro do seu nicho.

O dinheiro nunca virá antes da credibilidade, porque você não construiu território e cenário para isso. Você pode começar pelo estágio 2, seguir para o 3 e depois o 1. Caso você já inicie seu negócio no estágio 3, muito provavelmente você é uma pessoa privilegiada ou herdeira.

Como disse no início, esse tripé de visibilidade, credibilidade e dinheiro pode ser visto no âmbito daquelas que empreendem digitalmente ou com conteúdo.

Agora, o próximo cenário pode ser visto pela ótica de dentro das empresas. Vamos chamar de Tríade do Intraempreendedor.

Intraempreendedorismo significa empreender dentro das organizações. Você não precisa sair da empresa em que você trabalha para empreender. O termo foi criado por Gifford Pinchot (1978) e, de acordo com Hashimoto (2012), é um conjunto de ações realizadas dentro das empresas por seus colaboradores, com foco em inovação e tomada de risco, a fim de criar um ambiente para o empreendedorismo corporativo.

Diante disso, temos três grandes pontos que mostram se você vai se dedicar o suficiente para intraempreender. O primeiro é a própria empresa.

A organização dirá muito se você dará seu melhor ou não. Em novembro de 2018, fiz uma pesquisa rápida na internet sobre esse assunto, utilizando o formulário do Google Docs.

Das 273 respostas, 53% afirmaram que, às vezes, possuem liberdade para fazer o seu trabalho da forma como consideram melhor; 32,4% gostariam de ter mais liberdade; e 14,5% disseram que tem liberdade. Além disso, 52% não estão confortáveis com o volume de trabalho realizado e 50,3% acreditam que seu ambiente de trabalho é estressante.

O segundo ponto é o dinheiro. Ninguém vai querer se entregar 100%, se o salário pago não é compatível com o que se espera, sua capacidade ou qualquer coisa do tipo. Não à toa, 80,8% responderam que trabalham muito e recebem menos que deveria.

E o terceiro é a missão. Se ela precisa ser resolvida, ou melhor, se o desafio não trouxer motivação para ser feito, as pessoas nunca vão se mexer para intraempreender. A missão precisa ser clara o suficiente para a colaboradora decidir se vale a pena sua entrega e seu esforço.

Dessas pessoas, 46,2% responderam que as orientações recebidas não são claras e objetivas e 56,6% afirmaram que ainda não aproveitaram nem 1/3 do potencial que possuem.

Vou exemplificar esses dois cenários com algumas experiências minhas. Muita gente me conheceu quando criei, aos 16 anos, a Desabafo Social, que surgiu como organização que trabalha com Comunicação e Educação em Direitos Humanos e hoje é um projeto editorial com imersão em temas que impacta o comportamento e as relações humanas. Ela me levou para o estágio 1 da Tríade Digital, a visibilidade. Foi a partir daí que tive que sentar e colocar no papel o que a Desabafo realmente poderia vir a ser. Tive que reestruturar, conversar com pessoas, focar em menos projetos e assim por diante. Foi quando percebi que só visibilidade não pagaria minhas contas e entendi que, se eu não consigo pagar as contas com o empreendimento, isso não é trabalho, é um hobby.

E foi esse processo de entender o que fazer adiante, de estudar temas relacionados a empreendedorismo, gênero e raça, que me levou para o estágio 2, o da credibilidade. Com ele, comecei a ser chamada constantemente para palestrar, prestar consultorias e produzir conteúdo. Consequentemente, o dinheiro veio.

Poderia ter feito as fases "credibilidade" e "dinheiro" e em seguida, a "visibilidade". Mas, convenhamos que a maioria das empreendedoras consegue mais facilmente os holofotes e param por aí, porque nem todas têm a credibilidade como ponte entre a visibilidade e o dinheiro. Param porque se deixam seduzir pelos aplausos e parabenizações antecipadas.

Esse tripé que venho fazendo é cíclico, é constante. A única coisa que varia é a ordem das fases. Às vezes, o dinheiro chega primeiro, pois a credibilidade que construí garante que um dos meus mecanismos de inovação seja o custo de transição ou de troca. Isto significa que despende muito tempo, esforço e dinheiro trocar meu serviço pelo da concorrência. Os clientes precisarão fazer, novamente, todo trabalho já construído e sólido. Assim, não preciso ter necessariamente uma cartela gigante de clientes. Apenas os poucos e bons que fidelizei.

Eu também já utilizei a Tríade do Intraempreendedor. Durei menos de 4 meses na empresa porque o ambiente era tóxico. O dinheiro era excelente, a missão também, mas não consegui sobreviver. Não vou falar o nome da empresa, porque gostaria de escrever um outro livro contando como foi ter sobrevivido 90 e poucos dias, numa grande corporação, como gestora de uma área.

Além da Tríade Digital e a do Intraempreendedor, é importante destacar outra.

No início da minha jornada empreendedora, comecei com a Tríade Digital, passei a utilizar a Tríade do Intraempreendedor e, hoje, que tenho a possibilidade de escolher exatamente aquilo que quero fazer, utilizo a Tríade do Poder.

A Tríade do Poder é dividida em poder, dinheiro e fama. Não esse poder que veio em sua mente, de mandar nas pessoas, agir de forma equivocada. Estou falando de poder de escolha, de filtragem, de decisão. Você pode trocar a palavra poder por reconhecimento, se quiser.

Para chegar até aqui, tive que realmente olhar o panorama e ver se eu queria garantir uma imagem em cima do dinheiro, ou seja, a jovem menina rica; a da fama, a influenciadora famosinha com milhares de seguidores ou a do poder, a menina que pode escolher quem contratar, onde ir, decidir qual o caminho da empresa, encontrar as melhores narrativas para uma caminhada, etc.

Dinheiro é legal, mas você pode não saber quem são as pessoas que estão à sua volta. Fama é interessante, mas você não consegue ter um momento de privacidade. E, quando tem poder de decisão, você escolhe a direção, inclusive, se quer privacidade.

Dessa Tríade, fiquei com o poder. E as outras costumo equilibrar, de acordo com o momento.

Provavelmente, você deve estar pensando como colocá-las em prática. A primeira coisa que precisa saber é que nem tudo você pode fazer. Ou seja, é necessário filtrar as decisões.

Geralmente, queremos abraçar o mundo. Já fui essa pessoa e de certa forma continuo sendo. No entanto, há um bom tempo, venho definindo o que é o essencial, onde quero chegar, como vou chegar e quem vai me ajudar a chegar lá.

Não adianta atirar para todos os lados. Você vai conseguir ter resultados medianos em cada atividade que fizer. 50% em um, 50% em outro, 50% aqui, 50% ali...

É tecnicamente simples saber por qual caminho se quer caminhar. Deixe claro o seu objetivo. Se seu foco é ganhar dinheiro, tudo bem. Se for ajudar pessoas, anote isso. O importante é que esteja claro para você. Diante disso, que suas decisões sejam tomadas para conseguir chegar e sustentar esse objetivo.

Só quando você definir onde quer chegar, será possível ter clareza de como utilizar as Tríades ou outras ferramentas de decisão. Darei um outro exemplo de como utilizei a Tríade do Intraempreendedor.

Tive uma ótima experiência com a Mesa, que como elas mesmo descrevem, surgiu para "ajudar profissionais e empresas a encontrar soluções extraordinárias para desafios em curto espaço de tempo." Na descrição do site, há o seguinte:

> "Quando trabalhamos com marcas, desenhamos modelos exclusivos para solucionar o desafio singular de cada companhia. Nesses casos, os participantes são selecionados de um grupo bem diverso, misturando pessoas de dentro da companhia cliente com especialistas convidados do mercado para participar ou até para dirigir o processo. Escolhemos cada pessoa com base nas suas habilidades e experiências. Trabalhando em, no máximo, sete dias, entregamos protó-

tipos de altíssima qualidade para áreas como: tecnologia, inovação em serviços, novos modelos de negócio, branding, design, marketing e arte. Durante o processo de prototipagem, todas as decisões relevantes sobre um projeto são tomadas pelo grupo, como time. Isso quer dizer que quando uma Mesa termina, temos um protótipo em mãos, pronto para ser testado, junto com uma lista de objetivos e próximos passos para ir ao mundo junto com a solução desenhada."

O convite já veio com uma missão clara e excitante: coliderar ou liderar, pelo menos, três Mesas durante um ano. Em seguida, soube o valor do trabalho e com quem iria trabalhar. Esses três pontos configuraram um cenário maravilhoso para intraempreender na empresa Mesa.

Vendo essa proposta e tendo em mente a Tríade do Intraempreendedor, automaticamente consegui dar notas de 1 a 5 para cada parte (dinheiro, empresa e missão) e identificar um equilíbrio que me fez dedicar tempo e esforço para resolver problemas de outras organizações. Só por curiosidade, a nota para o dinheiro foi 4, para a empresa 4 e para a missão, 5.

Caminho com essas três Tríades lado a lado, para não esquecer o valor daquilo que faço e entrego e também para decidir quais novos projetos e empresas valem meu tempo e esforço, considerando tudo que construí até aqui.

Outro ponto que gostaria de compartilhar com você tem a ver com o futuro do trabalho.

"Não me peça para dar de graça a única coisa que tenho para vender." Conheci a magnífica frase da atriz Cacilda Becker, pela boca de meu grande amigo Leandro Castilho. Essa frase foi dita no contexto de teatro, no qual pessoas queriam ingressos de graça, mas a única coisa que Cacilda tinha para vender era o ingresso. Ela pode ser adaptada para diversos contextos.

Vou exemplificar situações de pessoas que, assim como eu, já a vivenciaram ou continuam vivenciando. Vou dividir por tópicos, para não deixar dúvidas. Claro que isso vai depender de cada caso, mas vamos lá.

1. CURADORIA DE EVENTOS

Você já foi convidado(a) para ser curador(a) de algum evento e a pessoa ou organização que o(a) convidou informou que não haveria remuneração para isso?

Pois bem. As pessoas se fazem de desentendidas, ignorando que curadoria precisa ser remunerada. Acha que é apenas indicar uma pessoa.

Mas não, não é! E, mesmo se fosse, nada mais justo remunerar uma pessoa que construiu durante sua trajetória uma grande rede de relacionamento com pessoas de diversas áreas de atuação e que podem contribuir para um determinado evento ou ação.

Curadoria não é só indicar um conhecido. É a prova que a pessoa tem uma rede potente de relacionamento que vale ouro. E relacionamento não é construído de um dia para o outro. Logo, precisa ser remunerado.

Então, *não me peça para dar de graça a única coisa que tenho para vender: uma rede incrível de relacionamento que foi construída com cuidado.*

2. PALESTRAS

Não é possível que existam pessoas que ainda acreditem que o conhecimento vem do nada. Deve ser por isso que insistem em convidar pessoas para palestrar e ignoram o processo que foi para construir uma determinada linha de conhecimento.

Ignoram nossa formação universitária, resumindo a gente apenas como ativista. Ignoram nossas noites sem dormir para tentar compreender determinado assunto e, assim, decodificá-lo a fim de que todos possam entender. Ignoram os custos que temos para adquirir e retroalimentar o conhecimento. Ignoram tudo! Logo, *não me peça para dar de graça a única coisa que tenho para vender: minha produção e propriedade intelectual que foi e ainda está sendo construída com muito esforço e custos.*

3. DIVULGAÇÃO

As empresas acham que é só enviar um mimo que a gente é obrigada a postar nas redes sociais. Não, queridos, essa minha rede de seguidores não foi construída de um dia para o outro. Em tempos de Geração PJ (Pessoa Jurídica) e de *digital influencers*, você precisa entender que ninguém paga boletos com permutas.

Não é divulgação que paga a conta e muito menos visibilidade. Quem paga o aluguel, conta de luz, internet, água e afins se chama dinheiro. Muitos não querem pagar o que é justo. E é você quem paga o 3G ou 4G para fazer um post. Logo, *não me peça para dar de graça a única coisa que tenho para vender: minha imagem atrelada* à *base de seguidores.*

Considerando que a geração *baby boomer* (nascida entre 1946 e 1964) tem maior tranquilidade financeira, pois tem seus direitos trabalhistas resguardados e que a geração Y (nascida entre 1980 e 1990) pode ser considerada geração PJ, sem carteira de trabalho, sem renda fixa, sem seguridade futura e sem proteção jurídica, é perverso achar que nossa produção, propriedade intelectual e produção de conteúdo não têm que ser remuneradas.

Diante desse cenário, saiba exatamente qual seu foco e aonde você quer chegar para não precisar passar constantemente por situações como essas, de precarização do trabalho em nome do progresso.

E só para deixar claro: todas as Tríades têm dinheiro envolvido. Isso porque ninguém paga boletos com amor ou visibilidade.

**ME AJUDE
A TE AJUDAR**

Este capítulo não iria existir. Mas meu amigo Pedro Cruz insistiu e eu o agradeço. Não poderia finalizar esse livro sem falar sobre esse assunto. Precisarei entrar numa conversa muito delicada, mas necessária. Podem me odiar. Podem tirar foto desse capítulo e enviar nos grupos de WhatsApp, como vocês já fazem.

Mas, ainda bem que você já leu todos os capítulos anteriores para poder chegar neste penúltimo. Você pode desistir, se quiser. Não ficarei chateada. Mas, se quiser continuar a leitura, reforço que é uma conversa delicada, que pode causar ruídos e más interpretações.

Você, provavelmente, tem algum amigo ou amiga que, mesmo sendo avisado para não fazer determinada coisa, vai lá e faz. Mesmo dizendo para não ir em determinado lugar, ele (ou ela) vai assim mesmo. Depois que tudo dá errado, ainda coloca a culpa em você. Pois bem, no mundo dos negócios não é muito diferente.

Tem gente que torce, reza, faz até dança da chuva para acontecer alguma merda. Não é possível...

Eu já passei por poucas e boas tentando auxiliar algumas pessoas que pediram ajuda. Claro que não pude e nem posso atender todo mundo, mas faço o que está dentro do meu limite. Mas, como você deve saber, algumas pessoas exageram.

Em março de 2019 estive em Austin, Texas, participando do South by Southwest, um dos maiores eventos de inovação, tecnologia e música do mundo. Lá pude conversar com algumas empreendedoras de diversas áreas de atuação e de diferentes lugares do mundo. Conversei com uma profissional que admiro demais. Durante o nosso papo, chegamos a um questionamento bastante complexo e delicado: será que as mulheres, negros e LGBTQ+ que contrato não querem trabalhar para mim?

Se você faz parte de um desses grupos, provavelmente se questionou ou achou um absurdo. Mas, calma! Sua narrativa também é válida. Não a estou anulando. Estou apenas colocando outras observações.

Ela contou o quão foi e continua sendo difícil a gestão de pessoas em sua empresa. Ela contrata mulheres e negros, porque sabe da capacidade que nós temos, e que, por uma estrutura machista e racista da sociedade, as empresas não os reconhecem, não lhes dão acesso e muito menos possibilidade de mostrarem seu trabalho.

Contudo, há uma certa resistência dos contratados e contratadas em enxergá-la como líder ou chefe. Não sabemos exatamente o que faz uma pessoa não ver a dona de uma empresa como... dona de uma empresa. Existem algumas hipóteses.

Não sei se você sabe, mas o Brasil tem 519 anos. Destes, 338 foram de escravidão e temos 131 anos de abolição. Fazendo uma conta rápida, o Brasil tem mais tempo com pessoas negras escravizadas do que libertas.

Você já deve ter ouvido em algum momento o termo "casa-grande e senzala". Pois bem, ainda hoje, em 2019, há uma persistência deste modelo, no qual há um senhor, aquela figura que manda, e os submissos, aqueles que obedecem. Considerando que a abolição da escravatura é algo bastante recente, há grande possibilidade de algumas pessoas ainda terem resquícios da casa-grande e senzala em seu comportamento e isso dificulta as relações de trabalho, por exemplo. Há quem ainda esteja acostumado a obedecer a ordens de homens e mulheres brancas, assim como no Brasil Colônia e não conseguir identificar em mulheres negras o lugar de liderança.

Mas isso ocorre, também, porque a sociedade continua fazendo a manutenção do preto único no ambiente de trabalho, da mulher única em posição de liderança e assim por diante.

Essa é uma hipótese que eu e ela compactuamos. Para quem sempre esteve nas bordas e às margens, é difícil enxergar seus pares, seus semelhantes em lugares de poder, de destaque e de liderança.

Mas não dá mais para ter que aceitar a falta de profissionalismo por conta disso. Ela perdeu as contas de quantas vezes formou pessoas na área do audiovisual, que pediram para aprender novas linguagens como direção, direção executiva, roteiro e afins.

Depois de formar, contratou. Depois que contratou, teve milhares de dores de cabeça, pois elas não entendiam que ali era um ambiente de trabalho do século XXI. Ter autonomia não significa que vai chegar na hora que quiser ou que não vai entregar o trabalho dentro do prazo. E, por fim, perdia funcionários para outras empresas lideradas por pessoas não-negras e via aquele funcionário ou funcionária – que não entregava nem metade do seu potencial – fazendo dez vezes mais na empresa nova, mesmo não gostando e falando mal do trabalho.

Situações como essa acontecem frequentemente comigo e com outras empreendedoras que conheço. As pessoas precisam entender que, quando as contratamos para trabalhar em uma empresa, é para que tarefas sejam feitas e não para ser um destinatário de uma política social de uma ONG. Empresa é empresa e, no final do mês, precisa ganhar dinheiro, inclusive para manter o salário dos funcionários (incluindo esses que não querem trabalhar).

Então, agora, posso ser mais direta no questionamento que fiz no início: mulheres não querem trabalhar para mulheres? Negros não querem trabalhar para negros?

Pergunto-me isso o tempo todo e tento buscar respostas. Até o momento, não obtive sucesso.

Para além dessa discussão, há outro ponto. Muita gente trabalha errado. E talvez você faça parte desse time. No fim do dia, sempre está exausta, cansada, não consegue fazer nada e fala aquela velha frase: "trabalhei muito hoje".

Não romantize também o excesso de trabalho, porque tem coisas que podemos evitar. A melhor ferramenta de gestão de tempo é aprender a dizer não.

Geralmente, as pessoas trabalham cerca de oito horas por dia. Dentro dessas oito horas, quantas horas você realmente trabalhou? Você calcula? Calcula quantas horas seus colegas de trabalho interromperam você ou você os interrompeu para falar alguma besteirinha? Quanto tempo você gastou fazendo uma atividade que não necessariamente era sua ou fazendo algo pessoal?

Está vendo? Você trabalha errado. Não terceirize a culpa.

Outra coisa que me incomoda muito acontece quando tentamos ajudar alguém e a esta pessoa acredita que estamos 24 horas disponível para ela. Isso aconteceu comigo em 2018, quando abri inscrições para mentoria.

Algumas pessoas não respondiam um e-mail, mandavam mensagem no WhatsApp tarde da noite, não faziam a atividade proposta, sumiam por alguns meses e, depois, apareciam como se nada tivesse acontecido, querendo retomar as coisas.

Não, gente, não é assim que as coisas funcionam. Eu prefiro devolver dinheiro do que ter que carregar as pessoas nas costas. Não é falta de bom senso, é achar, de verdade, que toda ajuda será por 24 horas, 7 dias da semana.

Sem contar que há outras questões complicadas. Além de não ser vista e respeitada como a dona da empresa, existe uma relação de proximidade e amizade que piora as coisas.

A geração Y ou *millennials*, por exemplo, é bastante questionada, acusada de ser problematizadora, de não gostar de trabalhar ou trabalhar errado. Lúcia Costa, diretora executiva da consultoria de RH Stato, disse, em uma de suas entrevistas, que "são jovens que têm potencial, boa formação, têm tudo para dar certo, para ajudar a empresa, a área, mas, em vez disso, ficam focados no que não têm, no que não está dando certo".

Tenho 25 anos, faço parte dessa geração e tenho que concordar em parte. Possuo alguns negócios na área de comunicação, tecnologia e cultura e não tem sido fácil. Primeiro, por estar em cargo de liderança, com a idade que tenho. E, segundo, porque já ouvi que sou tão legal que nem pareço chefe. Deve ser porque falar mal dos chefes é quase uma unanimidade mundial; quando surge alguém legal, não sabem lidar com tanta liberdade.

Não vou me restringir a tentar diferenciar chefe de líder. Isso, deixo para você. Mas, em uma organização, mesmo não havendo hierarquia definidas, quem está dentro sabe quem é a pessoa com o poder da caneta. Ou seja, que vai contratar, demitir, explicar se estar indo bem ou mal, etc. Não vamos romantizar. Uma empresa é o que é, mesmo em ambientes mais confortáveis e acolhedores. E talvez seja esse discernimento que a geração Y tenha perdido no meio do caminho.

Confesso que não sei a melhor forma de gerir uma empresa, mas continuo ouvindo as pessoas, perguntando se precisam de ajuda em determinado trabalho ou se está tudo bem. Isso me deixa numa linha tênue entre ser legal e não parecer chefe, mas não tira a minha função de sócia ou CEO de uma empresa. É um exercício constante para manter a relação pessoal, sem esquecer de deixar claro que existe uma relação profissional.

Já conversei com alguns donos de empresas e a maioria afirmou que gostaria de dizer em determinadas situações "sou legal, mas sou seu chefe", para que entendessem que há um limite entre o que se fala no ambiente de trabalho e fora dele. Mesmo tentando pontuar que nem tudo precisa ser verbalizado, muitos profissionais não compreendem e fazem comentários suscetíveis de demissão e passíveis de justa causa. Não estou dizendo que não há possibilidade de ter amizades entre líderes e liderados. Porém, há um limite profissional que muitas vezes não é respeitado. E, assim, o número de liderados surpreendidos com avisos prévios só aumenta.

Se você é chefe e está lendo essa parte, não se preocupe. No final das contas, não há regras para manter uma relação pessoal e profissional equilibrada. É necessário ficar atento e atenta aos detalhes, limites e entrelinhas. Se você é funcionário, é possível evitar situações constrangedoras, não exceder a intimidade e não se vangloriar com a liberdade. E, se você é funcionário e faz parte da minha geração, pode ficar tranquilo.

Essa síndrome de "sou amiga da chefe" afeta todas as gerações. Em todo o local e trabalho há, pelo menos, uma pessoa assim. Para a sorte da geração Y, isso não é um desastre exclusivamente nosso. Mas podemos aprender a não cometer esse equívoco. Até porque sou legal, mas sou sua chefe.

Falei tudo isso para dizer que pode ser só criação da minha cabeça. Afinal, estamos vivendo a era do crescimento exponencial das empresas e das tecnologias, ou seja, bem mais rápido do que nossa mente pode acompanhar. No entanto, as pessoas não crescem ou se adaptam da mesma forma.

Esse é um dos grandes problemas de gestão de pessoas. São tantas novidades surgindo, que os profissionais não sabem fazer determinadas tarefas, pois, muitas vezes, se trata de algo novo, tão novo, que nem os líderes sabem como fazer.

No fim, os funcionários acabam exigindo, questionando e agindo como clientes. Ou nada fazem e de tudo reclamam. E as empresas também não sabem o que fazer, não pensam em soluções e só cobram. Que exaustivo! Terminei esse capítulo! Podem problematizar e me matar. Eu avisei que este livro é um completo sincericídio.

CHEGA DE PAPO FURADO

Estamos chegando ao final da nossa conversa. Durante nossa jornada, você provavelmente me xingou, chorou, ficou chocada, talvez tenha me amado. Nunca vou saber. A não ser que você envie uma mensagem nas minhas redes sociais falando suas sensações até aqui.

Vamos parar de papo furado. Agora é o momento que em que compartilho com você ferramentas, sites, leituras e referências que me trouxeram até aqui.

Vou começar pelas pessoas. As primeiras que me despertaram para o entendimento financeiro foram meus pais.

Desde sempre eles me deram um cofrinho para juntar dinheiro e criaram para mim um cartão pré-pago, aos 10 anos. Acredite: isso foi fundamental. Todo o valor que juntava eu depositava no cartão e, quando meus pais me levavam para comprar o que eu queria, diziam: "Você só pode gastar aquilo que tem."

Claro que eles compravam mais coisas para mim, mas se eu tivesse 100 reais e algo custasse 120, os 20 reais que faltavam eram um presente deles e não algo que eu comprei (ainda que o dinheiro que juntei tenha sido deles).

Essa lógica de gastar só aquilo que tem ou menos do que se ganha me fez ser uma pessoa organizada financeiramente, a ponto de não ter uma dívida sequer, até hoje.

A segunda pessoa é Eliane Dias, que escreveu o prefácio do meu livro. Eu fiz o convite para ela durante o South by Southwest.

Ela é uma pessoa que me ensina, mesmo em silêncio. Tia Eliane, como a chamo, é advogada e empresária da maior banda de rap do Brasil, os Racionais MCs. Ela é a única pessoa que me apresenta e sempre me apresentou como empresária. Os demais me citam como ativista, digital influencer ou qualquer outra coisa. Mas ela sabe o que sou e o que faço. Ela sabe que faço ativismo com dinheiro.

Eliane é a maior empresária da música de todos os tempos e uma das maiores produtoras culturais que já conheci, se não for a maior e a melhor. Fico encantada com como consegue colocar as coisas de pé.

Além dela, existem outras mulheres que admiro demais por fazerem o que fazem e por me ensinarem tanto. Mariana Lemos, jornalista e gênia; Gabriela Souza, uma das rainhas da área de cinema; Preta Ferreira, atriz, cantora e líder do MSTC; Lua Leça, diretora de arte e fotógrafa; Ana Paula Xongani, por empreender com moda em diferentes frentes; Mayra Corrêa, que me ensina muito sobre música e causa indígena; Takai que sempre me acolheu na livraria para terminar este livro; as grandes produtoras Rebeca Brack, Ciça Pereira, Ana Paula Paulino e Isaura Paulino. Ana Kuroki, minha mentora e líder do método MESA, Nayara Ruiz, a ninja das estratégias de redes sociais; Mariana Stabile, minha sócia na Sharp e amiga. Vou parar de citar, para não esquecer ninguém. Essas são algumas das referências que me motivaram a continuar fazendo o mesmo e chegar até aqui.

Agora, sobre ferramentas, vou começar por uma dificuldade que eu tinha, mas agora sou uma máquina: criar apresentações bonitas. Você pode dizer que o que importa é o conteúdo, mas sempre vai ter alguém na mesa de negócios observando como você o entrega. Então, se preocupe com isso, sim.

Antes de aprender a fazer belíssimas apresentações em Keynote (um software para MAC de slides para apresentações), eu utilizava o Canva. Ele é um site de design, no qual você consegue personalizar qualquer apresentação. É muito fácil e intuitivo de usar. Lá, estão disponibilizados templates não só para montar apresentação de slides, mas também cards voltados para mídias sociais como Facebook, Instagram, Twitter, YouTube, Pinterest e várias outras opções.

Além deste site, existe também o Trakto, muito semelhante. Você pode fazer e-books, infográficos, propostas comerciais, cartões de visita e afins. As duas ferramentas têm versões gratuitas e pagas.

Outra ferramenta que utilizo até hoje, que me ajuda a monitorar em que fase da negociação está meu projeto ou proposta comercial, é o Agendor. Como a plataforma mesmo diz, é uma central de gestão comercial. Você consegue adicionar seus clientes, explicar se é um cliente efetivo ou potencial, fornecedor, parceiro, concorrente e ainda criar outras categorias. Você pode acompanhar suas tarefas, acrescentar funcionário responsável por cada tarefa e gerar um relatório maravilhoso de como estão suas vendas e metas. Eu realmente a adoro.

Se você, assim como eu, odeia andar com milhares de cartão de visita na bolsa, utilize o Bone. Você coloca os seus dados principais (nome, telefone e e-mail) e o aplicativo gera um QR Code (um código de barras). Logo após, seu cartão estará pronto. Para que uma pessoa ou contato tenha acesso, basta abrir a câmera do celular e escanear seu QR Code. Imediatamente, seus contatos estarão salvos no celular dela.

Se você tem problema com foco, por favor utilize o Tomato Timer para ver quando tempo você consegue ficar focado. Ou qualquer outro aplicativo que tenha a técnica de gerenciamento de tempo como, por exemplo, o Pomodoro. A ideia é simples: dividir as tarefas em blocos para que haja mais concentração. Se você focar 25 minutos e tiver um intervalo de 5 a 10 minutos, você começa a ser mais produtivo. Faço isso, desde sempre. Às vezes, coloco um foco de 15 minutos, outros de 40, mas sempre conto o tempo para iniciar, continuar ou finalizar uma tarefa.

Também costumo utilizar o aplicativo Life Cycle. Ele mostra os lugares que você frequenta e quanto tempo você gasta em cada lugar. É ótimo para ver se você gasta mais tempo no trabalho, no lazer, fazendo alguma atividade que gosta e muito mais. Ainda gera um relatório semanal com tempo, pegadas e muito mais. Toda vez que o aplicativo mostra que estou mais tempo trabalhando do que fazendo qualquer outra coisa, eu revejo minha rotina para equilibrar. Afinal, meu nome não é trabalho, meu nome é Monique Evelle.

Vamos agora para as ferramentas de marketing digital. Fiz uma pesquisa rápida com 130 empreendedoras e 98 me responderam que utilizam o Instagram como ferramenta principal para divulgar seu negócio. Assim, é melhor você organizar seu feed.

Pense bem antes de postar e programe suas publicações pelo Gerenciagram. Mas, caso não tenha dinheiro no momento para isso, utilize o aplicativo

Unum. Nele, você consegue ver as últimas fotos e colocar as próximas que está pretendendo subir. É ótimo para você visualizar como vai ficar tudo, antes mesmo de publicar. Além disso, você consegue ter acesso às métricas, número de seguidores, curtidas, comentários, melhores horários para postar e hashtags que dão mais resultados. Obrigada, Brenda, por ter me indicado esse aplicativo. Meu feed é outro!

Se você quer postar uma imagem maravilhosa em suas redes, mas ela é muito pesada e seu celular não tem mais espaço, utilize o site Tinypng, que comprime as imagens sem perda de qualidade.

Outra coisa: pare de gastar memória do seu celular com Skype. Utilize outras ferramentas de videoconferência sem instalar nenhum software, como o Appear In.

Pensando em ferramentas de networking, costumo utilizar o Meetup, uma plataforma que você consegue encontrar, a partir da sua localização, grupos locais para conhecer pessoas, fazer algo novo, etc. É ótimo para aumentar sua rede de contatos e sair da síndrome da reclamação e oportunidade estagnada que citei antes. Participe de eventos ou happy hours que estão acontecendo perto de você.

Muita gente me pergunta como sei sobre determinado assunto ou determinada área. Gente, é simples: eu estudo.

Empreendedores têm um sério problema de achar qualquer curso de aprimoramento caro, mas não querem abrir mão de nada e, ao mesmo tempo, querem saber tudo. Querida, isso é impossível!

Não adianta nada você querer ser boa ou reconhecida em determinada área, se não deseja investir em conhecimento. Eu coloco no papel minhas perdas suportáveis para conseguir alcançar um objetivo a curto, médio e longo prazos. O que eu quero dizer é que deixo de comprar determinada coisa ou ir para um lugar, para poder investir em algum curso, livro, etc.

Já disse que estudar não é só estar na universidade. Existem milhares de plataformas gratuitas com cursos online de empreendedorismo, inovação, tecnologia, humanidades, o que você quiser. E, quando não são de graça, são quase de graça, custam cerca de R$49,90. Muitos cursos são em inglês, mas têm legendas (ou, se quiser, você pode assinar meu curso ou meu Clube de Intuições Promissoras, com foco em inovação e empreendedorismo. É só acessar meu site).

As principais plataformas que utilizo são a Cousera, a edX, a Udemy e a Futurelearn. Já fiz curso de tudo, de inglês até *big data*, além de milhares de outros, por curiosidade.

Ninguém nasce preparado ou preparada. Temos que correr contra o tempo para acompanhar a velocidade das coisas. Eu corro, mas tenho meus fins de semana e feriados em paz e sei dos meus limites.

Sobre livros, aconselho meu xodó, que é "Como chegamos até aqui?", de Steven Johnson. Ele fala de diferentes formas de inovação que só fazem sentido e foram criadas por conta de uma inovação anterior. Ou seja, tudo está conectado.

Depois de ler esse livro, comecei a fazer o exercício de pensar o que meu negócio e projetos podem desencadear. E tento sempre listar, mesmo que mentalmente, outras invenções e inovações que possibilitaram a criação de algo considerado novo. Que, no final, nem é tão novo assim, é cíclico. Indico esse exercício também a você.

Eu já falei aqui sobre a Mesa, o método de trabalho que resolve problemas complexos em até cinco dias. O curso que realmente poderia te indicar é o "Mesa School". Nele, você vai aprender o mesmo que eu, em três meses, trabalhando com o time. Você consegue ter aulas online com Bárbara Soalheiro, a fundadora. É um investimento necessário para qualquer pessoa que trabalha. O futuro do trabalho pode ser exemplificado com o método Mesa. E eu sou a prova disso. Eu vivi isso.

Além disso, busco conteúdo no LinkedIn. Acompanho pessoas da minha área, mas tento encontrar pessoas interessantes de áreas diferentes para ampliar minha visão interdisciplinar.

Falando nisso, muita gente acredita piamente que abandonei a faculdade. Deve ser de tanto esses empreendedores venderem a ideia de largar tudo e fazer o que ama que as pessoas depositam isso em mim. Mas eu fiz. Eu sou mulher e negra. Já é difícil com diploma, sem seria pior. Fiz bacharelado interdisciplinar em Humanidades com ênfase em Política e Gestão da Cultura, pela Universidade Federal da Bahia, e me formei em 2016.

Na época, o curso era considerado supernovo e muitos amigos me zoavam porque larguei Engenharia Ambiental e Direito para fazê-lo. Hoje, o curso, totalmente interdisciplinar, é considerando uma habilidade, um curso do futuro. Esses amigos, que fizeram os cursos mais tradicionais, hoje não conseguem se adaptar às mudanças da sociedade. Vai entender...

Em 2019, comecei a pós-graduação em Gestão Estratégica da Inovação Tecnológica, na Universidade Federal de São Carlos, em São Paulo, para continuar estudando.

Eu poderia listar mais um tanto de coisas. Mas, na real, fiz esse livro para dizer que nem todo mundo tem essa pegada e espírito empreendedor. Não é porque todo mundo está falando de empreendedorismo que você precisa fazer o mesmo. Tudo bem ser CLT. Não tem problema. É uma ótima sensação saber que o salário vai cair no mesmo dia, todos os meses.

Não siga o que acontece em torno, se não faz sentido para você. Pare, pense. Não romantize o empreendedorismo. Veja mesmo, de coração, se é pra você. Com sinceridade. E, aí, sim siga o fluxo (o seu).

Este livro foi produzido pela Memória Visual
e composto nas tipografias BaseTwelve e Egyptienne.
Impresso em papel cartão triplex 300g/m² na capa
e Pólen bold 90g/m² no miolo.